Impressum
Verlag: BABADADA GmbH, Nedderfeld 112 , 22529 Hamburg
Geschäftsführer / Verlagsleitung: Harald Hof
Druck: Books on Demand GmbH, In de Tarpen 42, 22848 Norderstedt

Imprint
Publisher: BABADADA GmbH, Nedderfeld 112 , 22529 Hamburg, Germany
Managing Director / Publishing direction: Harald Hof
Print: Books on Demand GmbH, In de Tarpen 42, 22848 Norderstedt

el colegio
5ch00l

el aula
cl455r00m

dividir
d1v1d3

186/2

el pizarrón
b04rd

el patio de la escuela
5ch00l y4rd

el maestro
734ch3r

el papel
p4p3r

escribir
wr173

la birome
p3n

el escritorio
d35k

la regla
rul3r

el libro
b00k

el alumno
pup1l

la mochila
547ch3l

la caja de lápices
p3nc1l c453

el lápiz
p3nc1l

el sacapuntas
p3nc1l 5h4rp3n3r

la goma (de borrar)
rubb3r

el bloc de dibujo
dr4w1n6 p4d

el dibujo

dr4w1n6

el pincel

p41n7bru5h

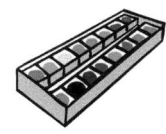

la caja de pinturas

p41n7 b0x

la tijera

5c1550r5

el pegamento

6lu3

el cuaderno de ejercicios

3x3rc153 b00k

la tarea

h0m3w0rk

el número

numb3r

sumar

4dd

restar

5ub7r4c7

multiplicar

mul71ply

calcular

c4lcul473

la letra

l3773r

el abecedario

4lph4b37

la palabra

w0rd

el texto

73x7

leer

r34d

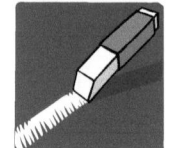

la tiza

ch4lk

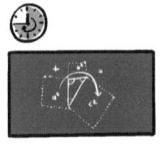

la lección

l3550n

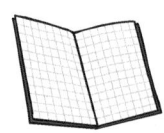

el cuaderno de clase

r361573r

el examen

3x4m1n4710n

el certificado

c3r71f1c473

el uniforme escolar

5ch00l un1f0rm

la educación

3duc4710n

la enciclopedia

3ncycl0p3d14

la universidad

un1v3r517y

el microscopio

m1cr05c0p3

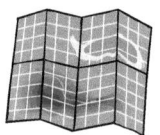

el mapa

m4p

el tacho (de basura)

w4573-p4p3r b45k37

el viaje
7r4v3l

el hotel
h073l
Grand
el hostel
h0573l
ROOMS
EXCHANGE
la casa de cambio
curr3ncy 3xch4n63 0ff1c3
la valija
5u17c453
el auto
c4r

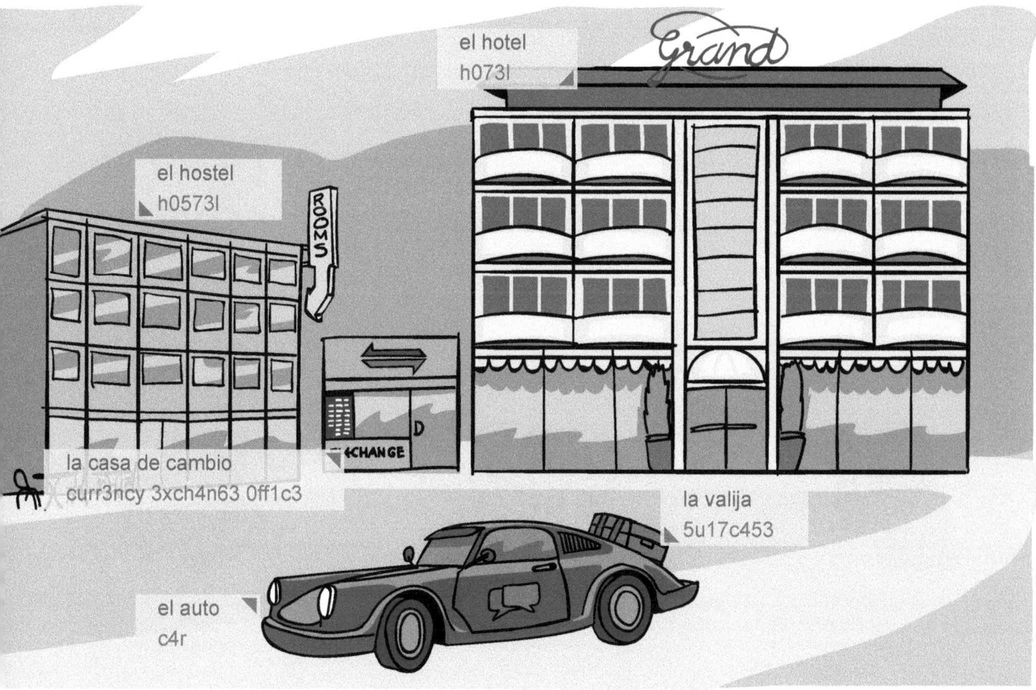

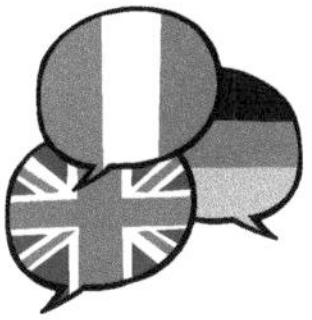

el idioma

l4n6u463

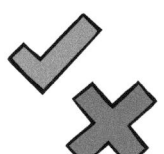

sí / no

y35 / n0

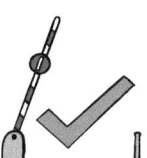

Está bien

0k4y

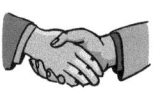

hola

h3ll0

el traductor

7r4n5l470r

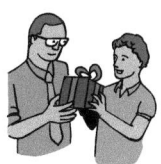

Gracias

7h4nk y0u

¿cuánto cuesta...?

h0w much 15

No entiendo

1 d0 n07 und3r574nd

el problema

pr0bl3m

¡Buenas tardes!

600d 3v3n1n6!

¡Buenos días!

600d m0rn1n6!

¡Buenas noches!

600d n16h7!

el adiós

600dby3

la dirección

d1r3c710n

el equipaje

lu66463

el bolso

b46

la mochila

b4ckp4ck

el invitado

6u357

la habitación

r00m

la bolsa de dormir

5l33p1n6 b46

la carpa

73n7

la información turística

70ur157 1nf0rm4710n

la playa

b34ch

la tarjeta de crédito

cr3d17 c4rd

el desayuno

br34kf457

el almuerzo

lunch

la cena

d1nn3r

el pasaje

71ck37

el ascensor

3l3v470r

el sello

574mp

la frontera

b0rd3r

la aduana

cu570m5

la embajada

3mb455y

la visa

v154

el pasaporte

p455p0r7

el transporte
7r4n5p0r7

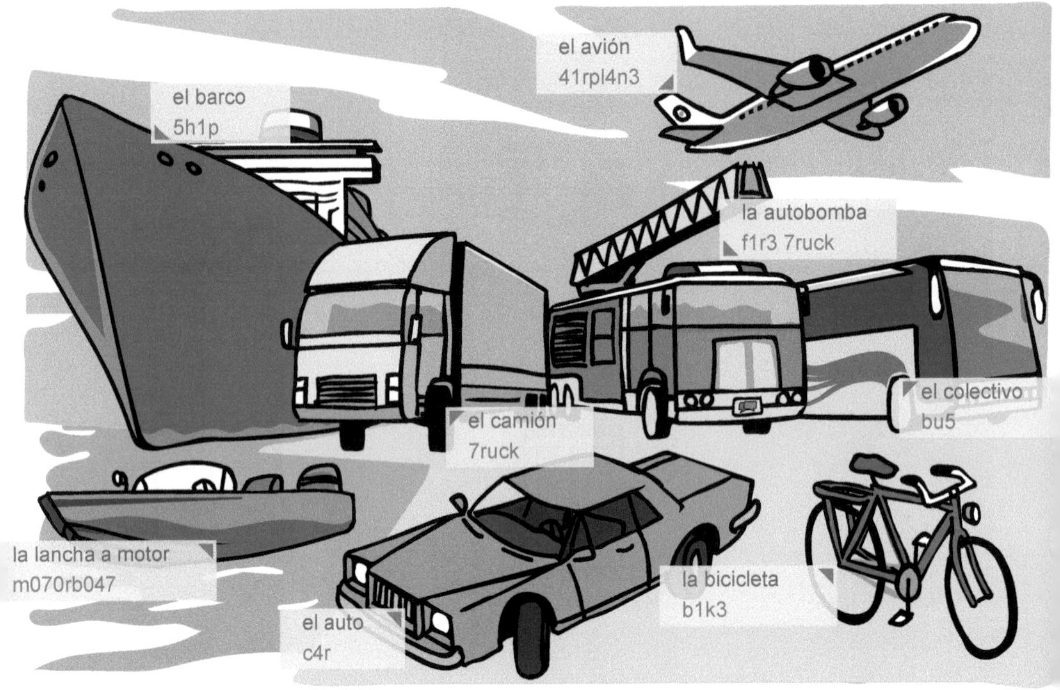
el avión
41rpl4n3
el barco
5h1p
la autobomba
f1r3 7ruck
el colectivo
bu5
el camión
7ruck
la lancha a motor
m070rb047
la bicicleta
b1k3
el auto
c4r

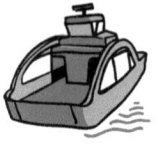

el ferry

f3rry

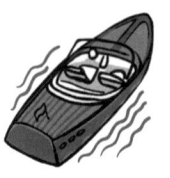

el bote

b047

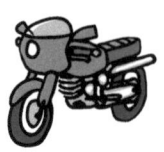

la moto

m070rb1k3

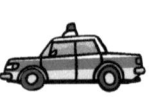

el patrullero

p0l1c3 c4r

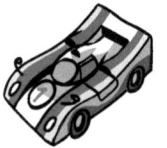

el auto de carreras

r4c1n6 c4r

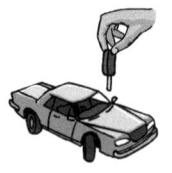

el auto de alquiler

r3n74l c4r

el alquiler de autos

c4r 5h4r1n6

la grúa

70w 7ruck

el camión de la basura

64rb463 7ruck

el motor

3n61n3

la nafta

fu3l

la estación de servicio

fu3l 574710n

la señal de tránsito

7r4ff1c 516n

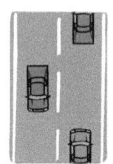

el tránsito

7r4ff1c

el embotellamiento

7r4ff1c j4m

el estacionamiento

p4rk1n6 l07

la estación de tren

7r41n 574710n

las vías

7r4ck5

el tren

7r41n

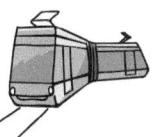

el tranvía

7r4m

el vagón

w460n

el helicóptero

h3l1c0p73r

el aeropuerto

41rp0r7

la torre

70w3r

el pasajero

p4553n63r

el contenedor

c0n741n3r

la caja de cartón

c4r70n

la carretilla

c4r7

la canasta

b45k37

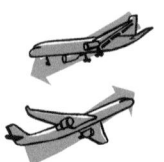

despegar / aterrizar

74k3 0ff / l4nd

la ciudad

c17y

el pueblo

v1ll463

el centro de la ciudad

c17y c3n73r

la casa

h0u53

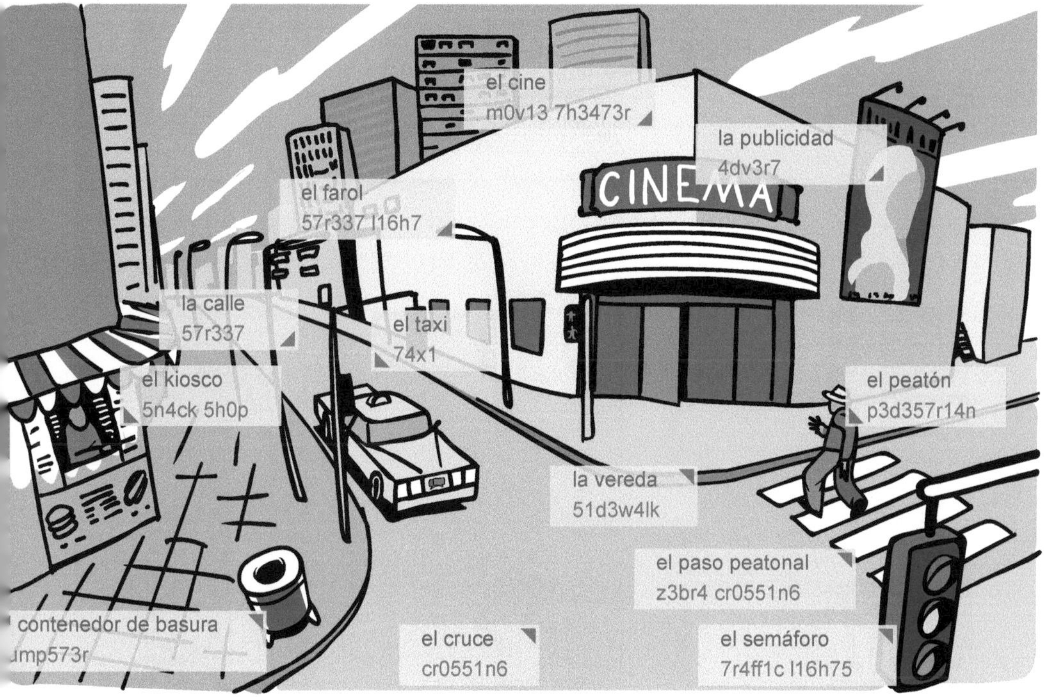

el cine
m0v13 7h3473r

la publicidad
4dv3r7

el farol
57r337 l16h7

la calle
57r337

el taxi
74x1

el kiosco
5n4ck 5h0p

el peatón
p3d357r14n

la vereda
51d3w4lk

el paso peatonal
z3br4 cr0551n6

contenedor de basura
.mp573r

el cruce
cr0551n6

el semáforo
7r4ff1c l16h75

la cabaña
hu7

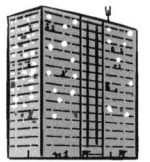

el departamento
4p4r7m3n7

la estación de tren
7r41n 574710n

la municipalidad
c17y h4ll

el museo
mu53um

el colegio
5ch00l

la universidad

un1v3r517y

el banco

b4nk

el hospital

h05p174l

el hotel

h073l

la farmacia

ph4rm4cy

la oficina

0ff1c3

la librería

b00k 5h0p

el negocio

5h0p

la florería

fl0w3r 5h0p

el supermercado

5up3rm4rk37

el mercado

m4rk37

las grandes tiendas

d3p4r7m3n7 570r3

la pescadería

f15hm0n63r'5 5h0p

el centro comercial

m4ll

el puerto

h4rb0r

el parque

p4rk

el banco

b3nch

el puente

br1d63

las escaleras

5741r5

el subte

5ubw4y

el túnel

7unn3l

la parada del colectivo

bu5 570p

el bar

b4r

el restaurante

r3574ur4n7

el buzón

p057b0x

el letrero

57r337 516n

el parquímetro

p4rk1n6 m373r

el zoológico

z00

la pileta

5w1mm1n6 p00l

la mezquita

m05qu3

la granja

f4rm

la contaminación

p0llu710n

el cementerio

c3m373ry

la iglesia

church

los juegos infantiles

pl4y6r0und

el templo

73mpl3

el paisaje
l4nd5c4p3

la hoja
l34f

el poste indicador
516np057

el camino
p47h

la pradera
m34d0w

la piedra
570n3

el árbol
7r33

el excursionista
h1k3r

el río
r1v3r

la hierba
6r455

la flor
fl0w3r

el valle

v4ll3y

la montaña

h1ll

el lago

l4k3

el bosque

f0r357

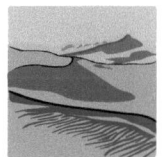

el desierto

d353r7

el volcán

v0lc4n0

el castillo

c457l3

el arco iris

r41nb0w

el champiñón

mu5hr00m

la palmera

p4lm 7r33

el mosquito

m05qu170

la mosca

fly

la hormiga

4n7

la abeja

b33

la araña

5p1d3r

el escarabajo

b337l3

la rana

fr06

la ardilla

5qu1rr3l

el erizo

h3d63h06

la liebre

h4r3

la lechuza

0wl

el pájaro

b1rd

el cisne

5w4n

el jabalí

b04r

el ciervo

d33r

el alce

m0053

la presa

d4m

el aerogenerador

w1nd 7urb1n3

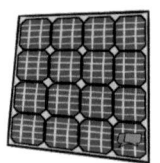

el panel solar

50l4r p4n3l

el clima

cl1m473

el restaurante

r3574ur4n7

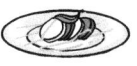

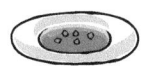

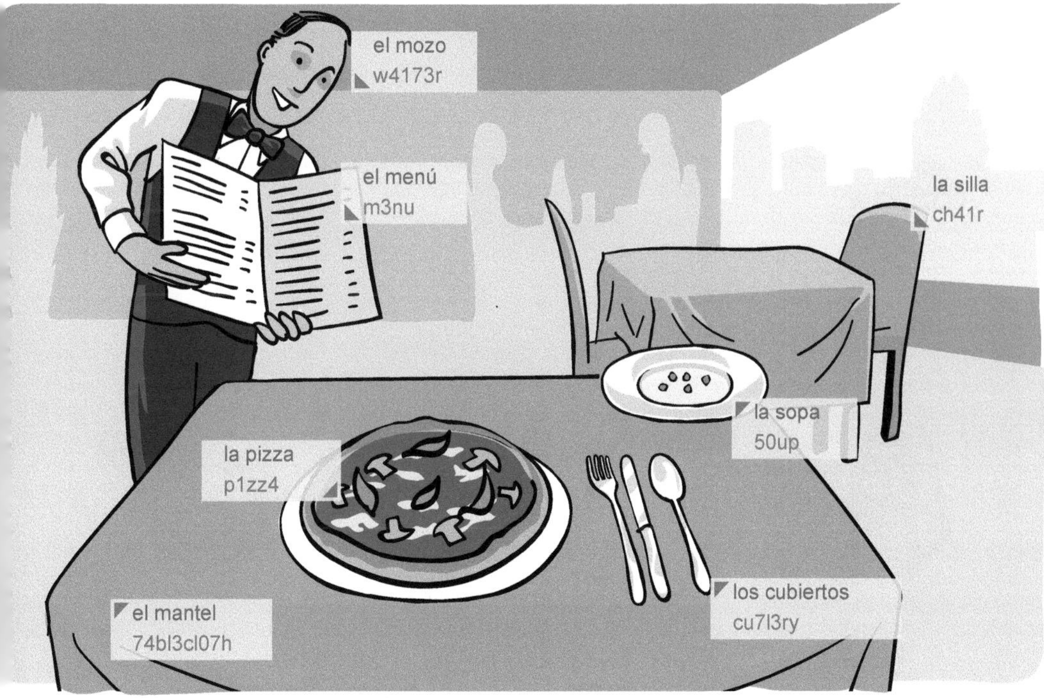
el mozo
w4173r
el menú
m3nu
la silla
ch41r
la sopa
50up
la pizza
p1zz4
los cubiertos
cu7l3ry
el mantel
74bl3cl07h

la entrada

574r73r

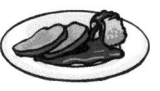

el plato principal

m41n c0ur53

el postre

d3553r7

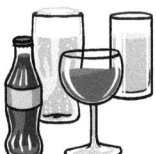

las bebidas

dr1nk5

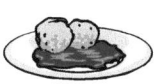

la comida

f00d

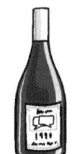

la botella

b077l3

la comida rápida

f457 f00d

la comida callejera

57r337 f00d

la tetera

734p07

la azucarera

5u64r b0wl

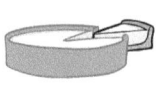

la porción

p0r710n

la cafetera expreso

35pr3550 m4ch1n3

la sillita alta

h16h ch41r

la cuenta

b1ll

la bandeja

7r4y

el cuchillo

kn1f3

el tenedor

f0rk

la cuchara

5p00n

la cucharita

7345p00n

la servilleta

53rv13773

el vaso

6l455

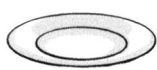

el plato

pl473

el plato hondo

50up pl473

el plato

54uc3r

la salsa

54uc3

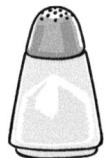

el salero

54l7 5h4k3r

el molinillo de pimienta

p3pp3r m1ll

el vinagre

v1n364r

el aceite

01l

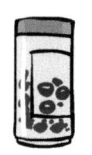

las especias

5p1c35

el kétchup

k37chup

la mostaza

mu574rd

la mayonesa

m4y0nn4153

el supermercado

5up3rm4rk37

la oferta especial
5p3c14l 0ff3r
FOR
el cliente
cu570m3r
los lácteos
d41ry pr0duc75
la fruta
fru17
el changuito
5h0pp1n6 c4r7

BUTCHERS

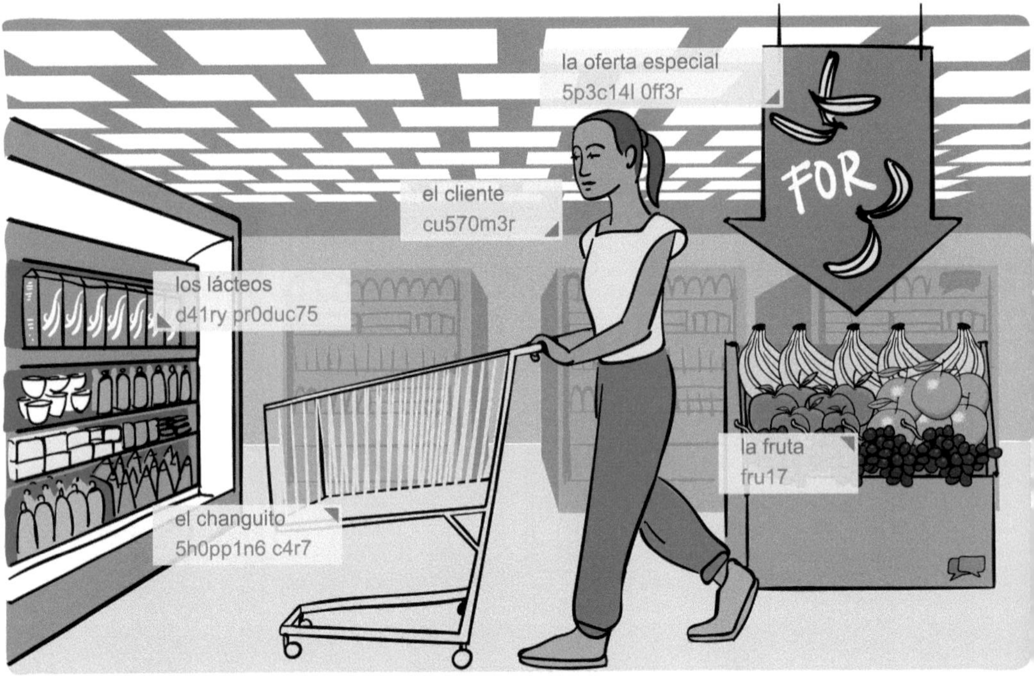

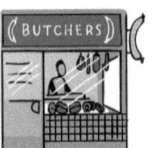

la carnicería

bu7ch3r'5 5h0p

BAKERY

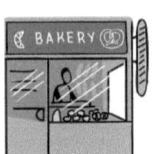

la panadería

b4k3ry

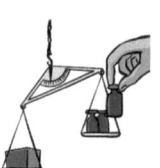

pesar

w316h

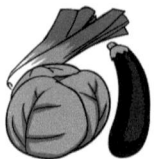

las verduras

v36374bl35

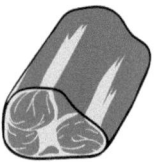

la carne

m347

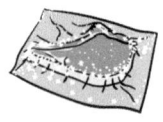

los alimentos congelados

fr0z3n f00d

los fiambres

c0ld cu75

los alimentos enlatados

c4nn3d f00d

el detergente en polvo

d373r63n7

las golosinas

c4ndy

los electrodomésticos

h0u53h0ld pr0duc75

los productos de limpieza

cl34n1n6 pr0duc75

la vendedora

54l35 r3pr353n7471v3

la caja

c45h r361573r

el cajero

c45h13r

la lista de compras

5h0pp1n6 l157

el horario de atención

0p3n1n6 h0ur5

la billetera

w4ll37

la tarjeta de crédito

cr3d17 c4rd

la cartera

b46

la bolsa de plástico

pl4571c b46

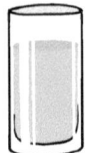

el agua

w473r

el jugo

ju1c3

la leche

m1lk

la bebida cola

c0k3

el vino

w1n3

la cerveza

b33r

el alcohol

4lc0h0l

el cacao

c0c04

el té

734

el café

c0ff33

el café expreso

35pr3550

el cappuccino

c4ppucc1n0

la banana

b4n4n4

la manzana

4ppl3

la naranja

0r4n63

el melón

m3l0n

el limón

l3m0n

la zanahoria

c4rr07

el ajo

64rl1c

el bambú

b4mb00

la cebolla

0n10n

el champiñón

mu5hr00m

las nueces

nu75

los fideos

n00dl35

los tallarines

5p46h3771

el arroz

r1c3

la ensalada

54l4d

las papas fritas

fr135

las papas fritas

fr13d p0747035

la pizza

p1zz4

la hamburguesa

h4mbur63r

el sándwich

54ndw1ch

el churrasco

35c4l0p3

el jamón

h4m

el salame

54l4m1

la salchicha

54u5463

el pollo

ch1ck3n

el asado

r0457

el pescado

f15h

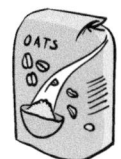

los copos de avena

p0rr1d63 0475

el muesli

mu35l1

los copos de maíz

c0rnfl4k35

la harina

fl0ur

la medialuna

cr01554n7

el pancito

br34d r0ll

el pan

br34d

la tostada

70457

las galletitas

c00k135

la manteca

bu773r

la cuajada

curd

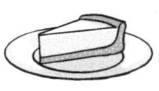

la torta

c4k3

el huevo

366

el huevo frito

fr13d 366

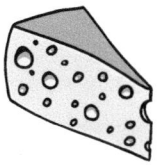

el queso

ch3353

la comida - f00d

el helado

1c3 cr34m

el azúcar

5u64r

la miel

h0n3y

la mermelada

j3lly

la pasta de chocolate

n0u647 cr34m

el curry

curry

la granja
f4rm

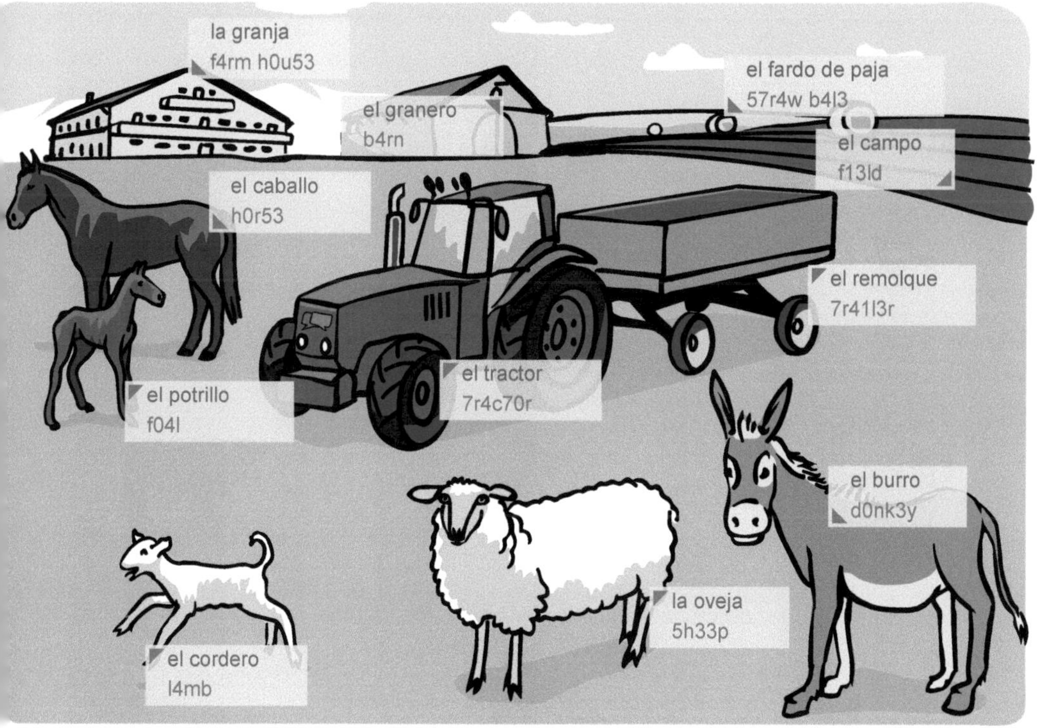

la granja
f4rm h0u53
el granero
b4rn
el fardo de paja
57r4w b4l3
el campo
f13ld
el caballo
h0r53
el remolque
7r41l3r
el tractor
7r4c70r
el potrillo
f04l
el burro
d0nk3y
la oveja
5h33p
el cordero
l4mb

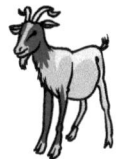

la cabra

6047

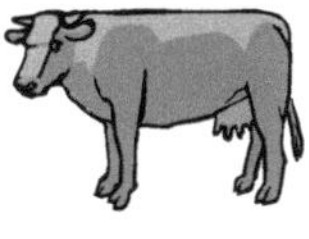

la vaca

c0w

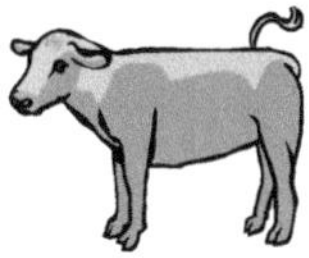

el ternero

c4lf

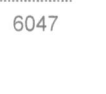

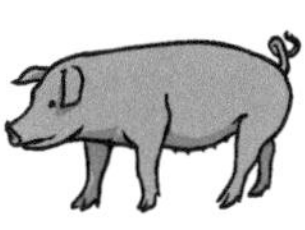

el cerdo

p16

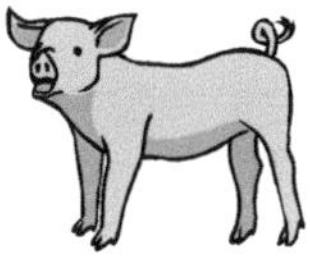

el lechón

p16l37

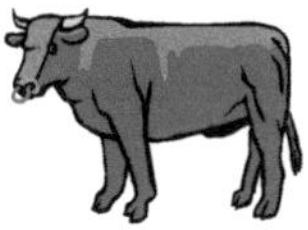

el toro

bull

el ganso

60053

el pato

duck

el pollo

ch1ck

la gallina

h3n

el gallo

c0ck3r3l

la rata

r47

el gato

c47

el ratón

m0u53

el buey

0x

el perro

d06

la cucha

d06 h0u53

la manguera

64rd3n h053

la regadera

w473r1n6 c4n

la guadaña

5cy7h3

el arado

pl0u6h

la hoz

51ckl3

la azada

h03

la horquilla

p17chf0rk

el hacha

4x3

la carretilla

pu5hc4r7

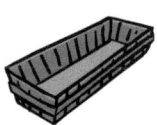

el abrevadero

7r0u6h

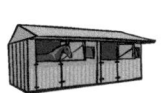

la lechera

m1lk c4n

la bolsa

54ck

la reja

f3nc3

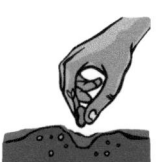

el establo

574bl3

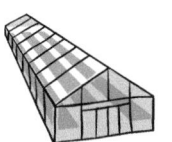

el invernadero

6r33nh0u53

el suelo

501l

la semilla

533d

el fertilizador

f3r71l1z3r

la cosechadora

c0mb1n3 h4rv3573r

cosechar

h4rv357

la cosecha

h4rv357

las batatas

y4m5

el trigo

wh347

la soja

50y4

la papa

p07470

el maíz

c0rn

la semilla de colza

r4p3533d

el árbol frutal

fru17 7r33

la mandioca

m4n10c

los cereales

6r41n

la casa
h0u53

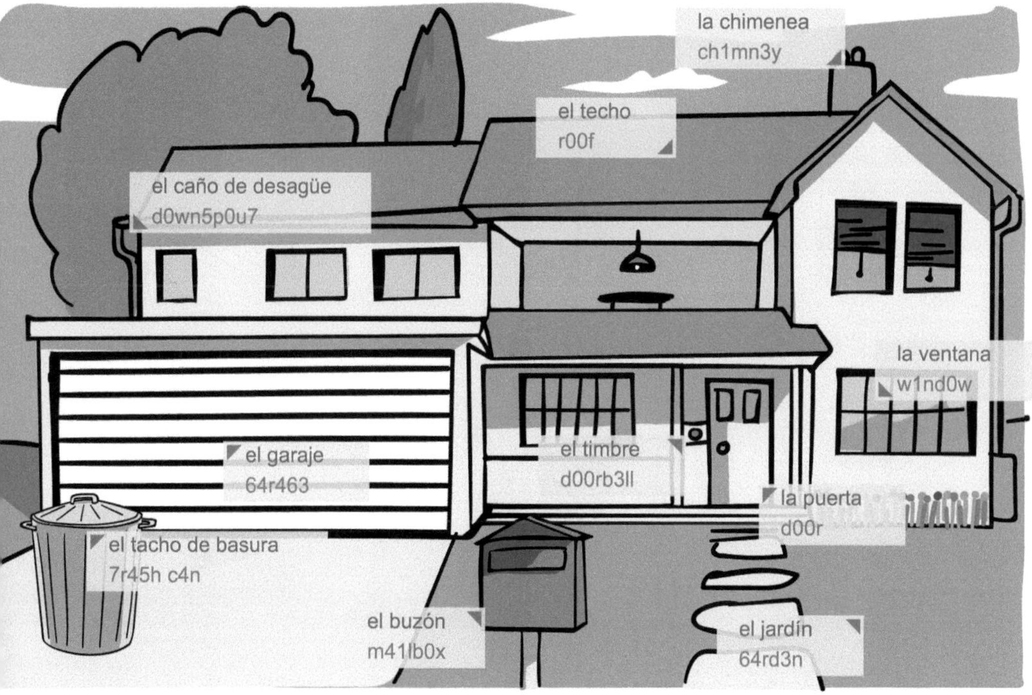
la chimenea
ch1mn3y
el techo
r00f
el caño de desagüe
d0wn5p0u7
la ventana
w1nd0w
el garaje
64r463
el timbre
d00rb3ll
la puerta
d00r
el tacho de basura
7r45h c4n
el buzón
m41lb0x
el jardín
64rd3n

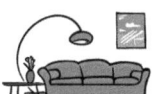

el living

l1v1n6 r00m

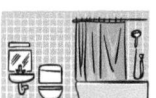

el baño

b47hr00m

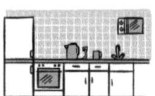

la cocina

k17ch3n

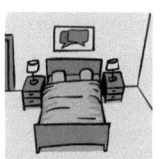

el dormitorio

b3dr00m

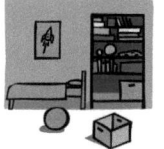

el cuarto de los chicos

ch1ld'5 r00m

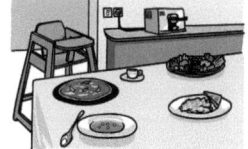

el comedor

d1n1n6 r00m

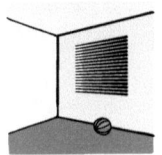

el piso

fl00r

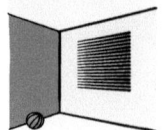

la pared

w4ll

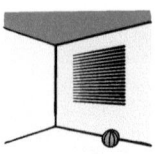

el cielorraso

c31l1n6

el sótano

c3ll4r

el sauna

54un4

el balcón

b4lc0ny

la terraza

73rr4c3

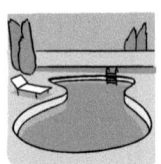

la pileta

p00l

la cortadora de pasto

l4wn m0w3r

la sábana

5h337

el acolchado

b3d5pr34d

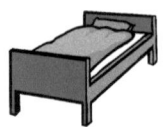

la cama

b3d

la escoba

br00m

el balde

buck37

el interruptor

5w17ch

el living
l1v1n6 r00m

el empapelado
w4llp4p3r
la imagen
p1c7ur3
la lámpara
l4mp
el estante
5h3lf
el armario
c4b1n37
la televisión
73l3v1510n
la chimenea
f1r3pl4c3
la flor
fl0w3r
el almohadón
cu5h10n
el sofá
50f4
el florero
v453
el control remoto
r3m073 c0n7r0l

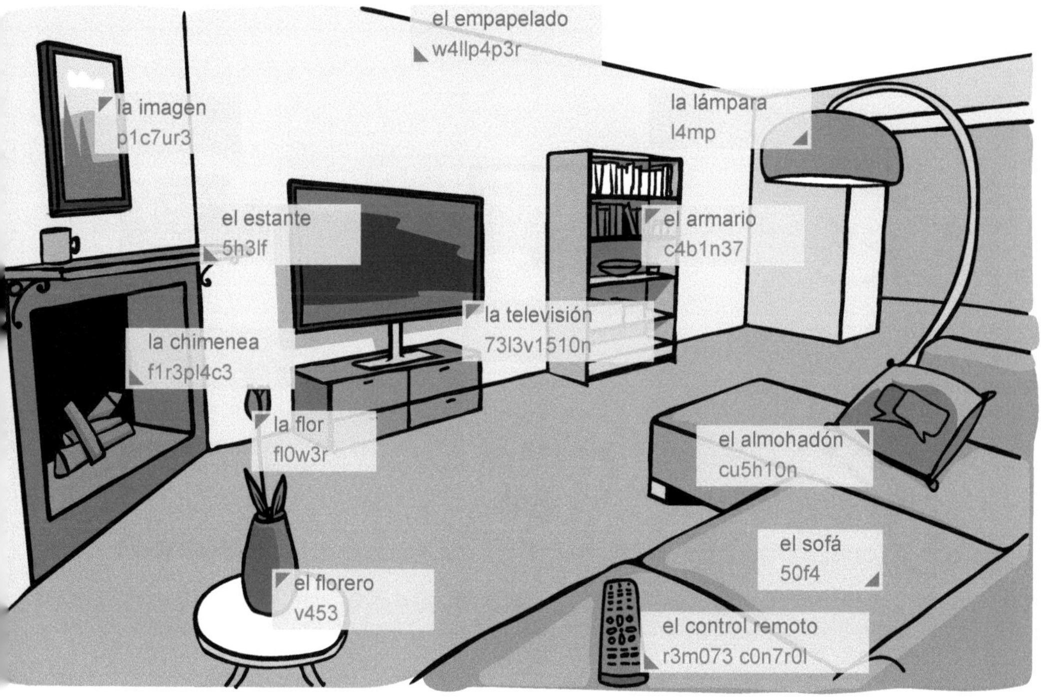

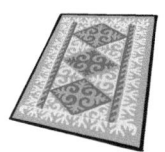

la alfombra
c4rp37

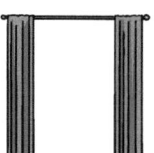

la cortina
dr4p3

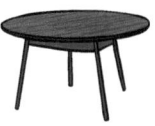

la mesa
74bl3

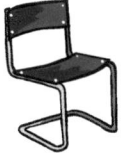

la silla
ch41r

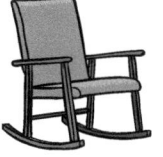

la mecedora
r0ck1n6 ch41r

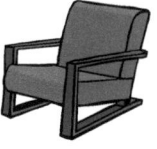

el sillón
4rmch41r

el libro

b00k

la frazada

bl4nk37

la decoración

d3c0r4710n

la leña

f1r3w00d

la película

f1lm

el equipo de música

573r30 5y573m

la llave

k3y

el diario

n3w5p4p3r

la pintura

p41n71n6

el póster

p0573r

la radio

r4d10

el cuaderno

n073b00k

la aspiradora

v4cuum cl34n3r

el cactus

c4c7u5

la vela

c4ndl3

la cocina
k17ch3n

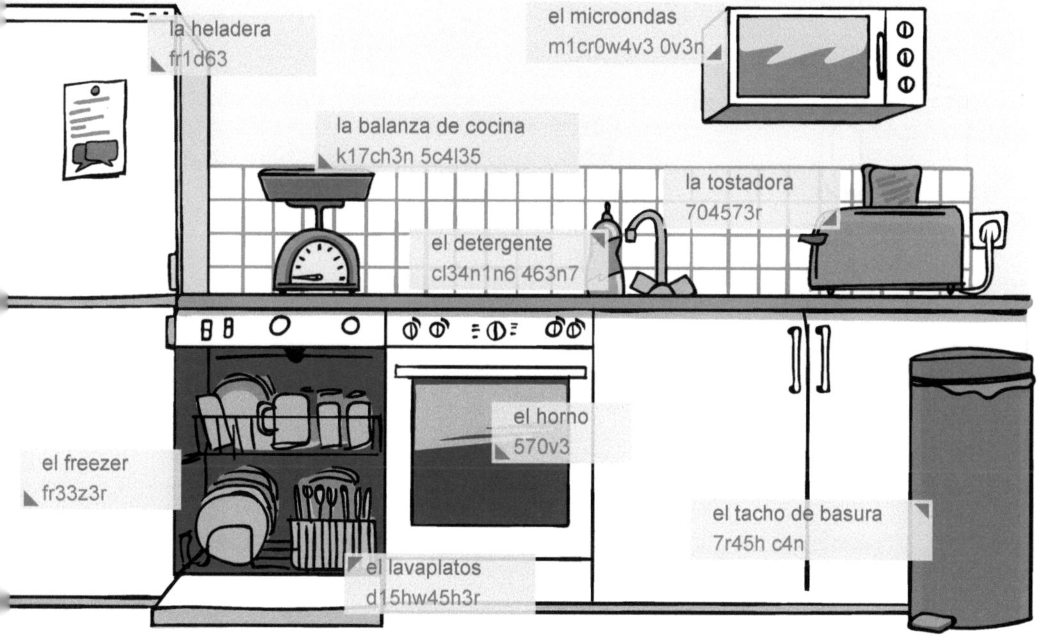
la heladera
fr1d63
el microondas
m1cr0w4v3 0v3n
la balanza de cocina
k17ch3n 5c4l35
la tostadora
704573r
el detergente
cl34n1n6 463n7
el horno
570v3
el freezer
fr33z3r
el tacho de basura
7r45h c4n
el lavaplatos
d15hw45h3r

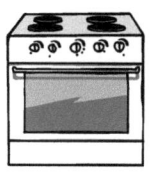

la cocina

c00k3r

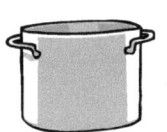

la olla

p07

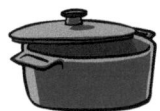

la olla de hierro fundido

c457-1r0n p07

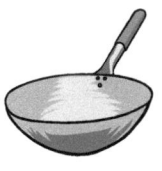

el wok

w0k / k4d41

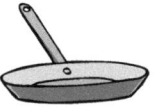

la sartén

p4n

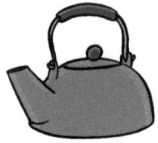

la pava

k377l3

la vaporera

5734m3r

la bandeja de horno

b4k1n6 7r4y

la vajilla

cr0ck3ry

la taza

mu6

el bol

b0wl

los palitos

ch0p571ck5

el cucharón

l4dl3

la espátula

5p47ul4

la batidora

wh15k

el colador

57r41n3r

el colador

513v3

el rallador

6r473r

el mortero

m0r74r

la parrilla

b4rb3cu3

la fogata

f1r3pl4c3

la tabla de picar

ch0pp1n6 b04rd

el palo de amasar

r0ll1n6 p1n

el sacacorchos

c0rk5cr3w

la lata

c4n

el abrelatas

c4n 0p3n3r

la manopla

0v3n cl07h

la pileta

51nk

el cepillo

bru5h

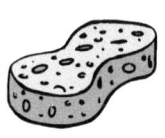

la esponja

5p0n63

la batidora

bl3nd3r

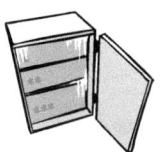

el congelador

d33p fr33z3r

la mamadera

b4by b077l3

la canilla

74p

el baño
b47hr00m

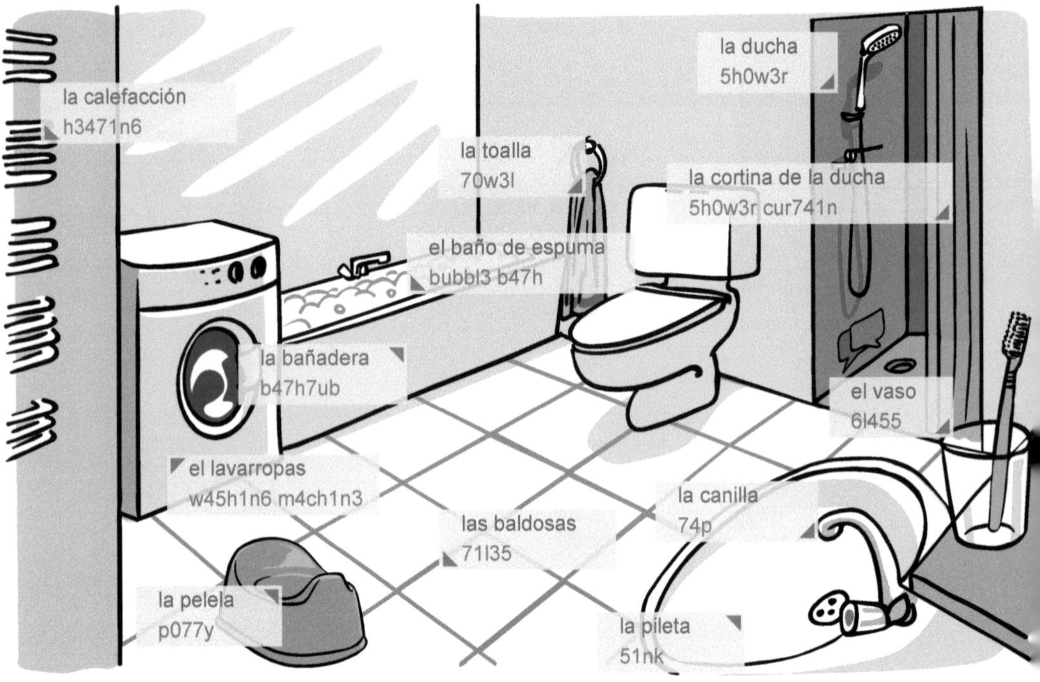

la calefacción
h3471n6
la toalla
70w3l
la ducha
5h0w3r
la cortina de la ducha
5h0w3r cur741n
el baño de espuma
bubbl3 b47h
la bañadera
b47h7ub
el vaso
6l455
el lavarropas
w45h1n6 m4ch1n3
la canilla
74p
las baldosas
71l35
la pelela
p077y
la pileta
51nk

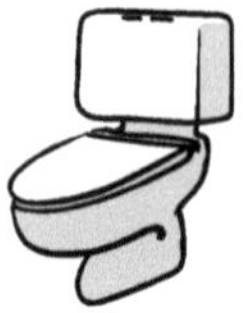

el inodoro

701l37

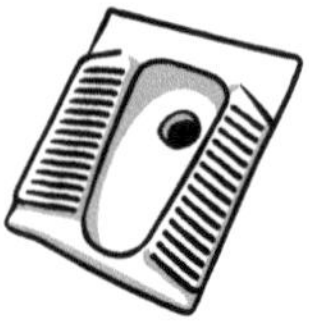

la letrina

5qu47 701l37

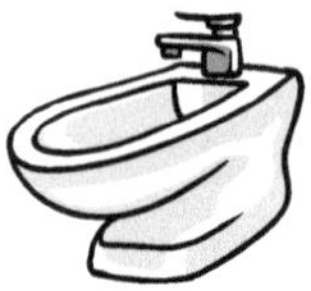

el bidé

b1d37

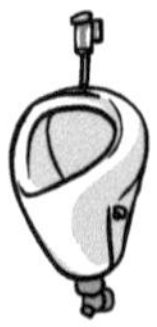

el mingitorio

ur1n4l

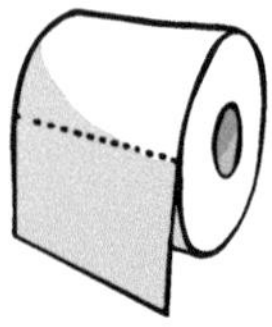

el papel higiénico

701l37 p4p3r

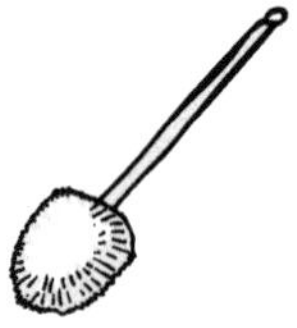

el cepillo para el inodoro

701l37 bru5h

el cepillo de dientes

7007hbru5h

el dentífrico

7007hp4573

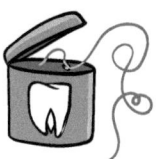

el hilo dental

d3n74l fl055

lavar

w45h

la ducha de mano

h4nd 5h0w3r

la ducha higiénica

d0uch3

la palangana

b451n

el cepillo para la espalda

b4ck bru5h

el jabón

504p

el gel de ducha

5h0w3r 63l

el shampoo

5h4mp00

la toallita

fl4nn3l

el desagüe

dr41n

la crema

cr3m3

el desodorante

d30d0r4n7

el espejo
m1rr0r

el espejito
h4nd m1rr0r

la maquinita de afeitar
r4z0r

la espuma de afeitar
5h4v1n6 f04m

el aftershave
4f73r5h4v3

el peine
c0mb

el cepillo
bru5h

el secador de pelo
h41r-dry3r

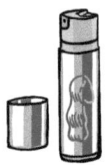

el spray
h41r5pr4y

el maquillaje
m4k3up

el lápiz de labios
l1p571ck

el esmalte para uñas
n41l v4rn15h

el algodón
c0770n w00l

la tijera para uñas
n41l 5c1550r5

el perfume
p3rfum3

el portacosméticos

w45hb46

la banqueta

5700l

la balanza

w316h1n6 5c4l35

la bata

b47hr0b3

los guantes de goma

rubb3r 6l0v35

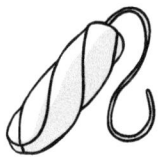

el tampón

74mp0n

la toallita femenina

54n174ry 70w3l

el baño químico

ch3m1c4l 701l37

el cuarto de los chicos

ch1ld'5 r00m

el despertador
4l4rm cl0ck
el peluche
cuddly 70y
el coche de juguete
70y c4r
el sonajero
r477l3
la casa de muñecas
d0ll'5 h0u53
el regalo
pr353n7

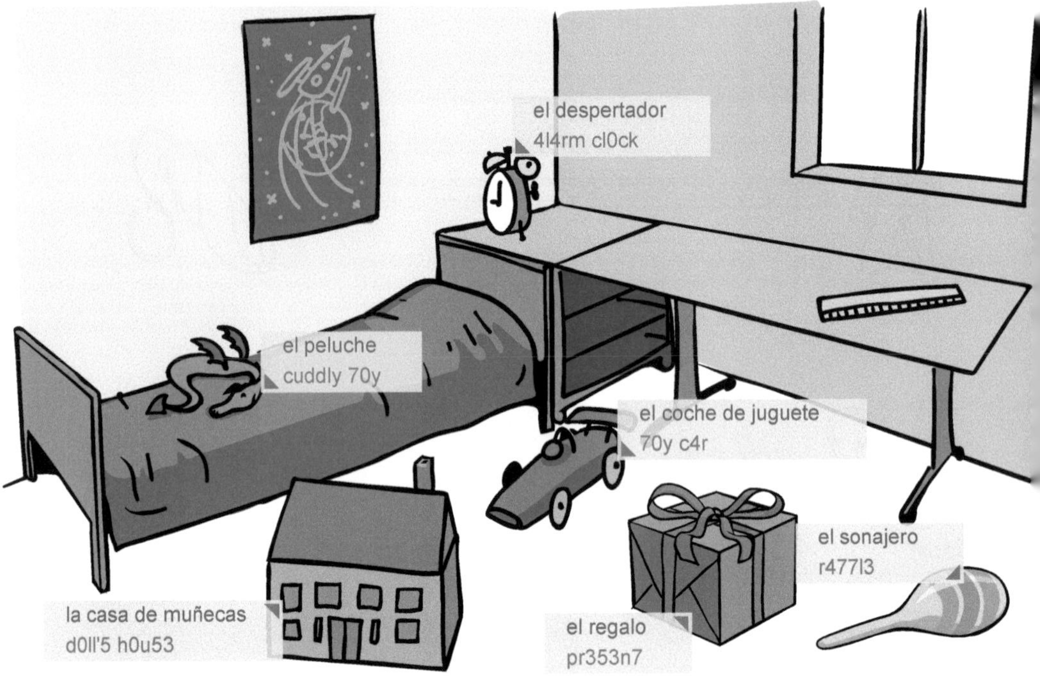

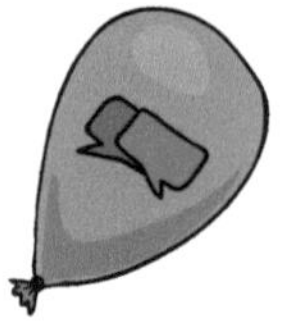

el globo

b4ll00n

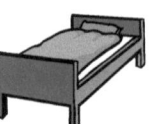

la cama

b3d

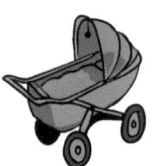

el cochecito

57r0ll3r

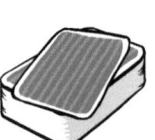

las cartas

d3ck 0f c4rd5

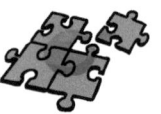

el rompecabezas

j1654w

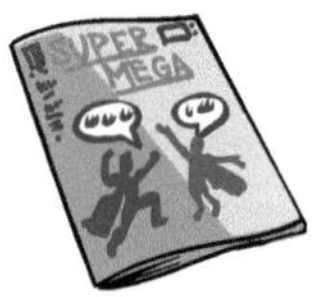

la historieta

c0m1c

las piezas de lego

l360 br1ck5

los ladrillos de juguete

70y bl0ck5

la figura de acción

4c710n f16ur3

el enterito (de bebé)

r0mp3r 5u17

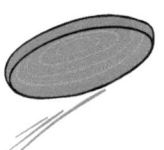

el frisbee

fr15b33

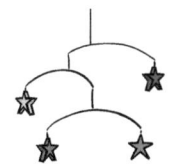

el móvil para bebés

m0b1l3

el juego de mesa

b04rd 64m3

los dados

d1c3

el tren eléctrico

m0d3l 7r41n 537

el chupete

dummy

la fiesta

p4r7y

el libro de cuentos ilustrado

p1c7ur3 b00k

la pelota

b4ll

la muñeca

d0ll

jugar

pl4y

el arenero

54ndp17

la hamaca

5w1n6

los juguetes

70y

la consola de videojuegos

v1d30 64m3 c0n50l3

el triciclo

7r1cycl3

el osito de peluche

73ddy b34r

el armario

w4rdr0b3

la ropa

cl07h1n6

las medias

50ck5

las medias panty

570ck1n65

las calzas

716h75

la bufanda
5c4rf

el paraguas
umbr3ll4

la remera
7-5h1r7

el cinturón
b3l7

la remera
7-5h1r7

las zapatillas
5n34k3r5

las botas
b0075

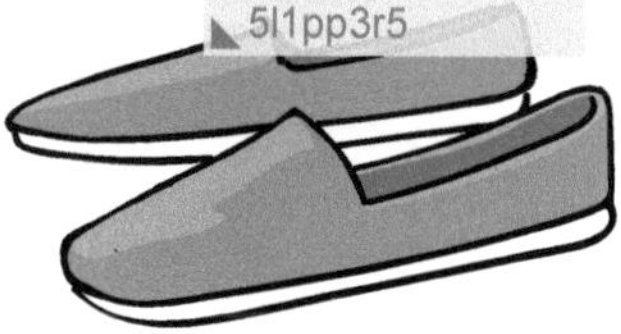

las pantuflas
5l1pp3r5

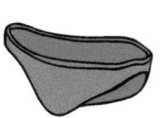
las sandalias
....
54nd4l5

los zapatos
....
5h035

las botas de goma
....
rubb3r b0075

la ropa interior
....
br13f5

el corpiño
....
br4

el chaleco
....
und3r5h1r7

el body

b0dy

los pantalones

p4n75

los jeans

j34n5

la pollera

5k1r7

la blusa

bl0u53

la camisa

5h1r7

el pulóver

pull0v3r

el buzo

5w3473r

el blazer

bl4z3r

la campera

j4ck37

el tapado

c047

el piloto

r41nc047

el traje

c057um3

el vestido

dr355

el vestido de novia

w3dd1n6 dr355

el traje

5u17

el camisón

n16h760wn

el pijama

p4j4m45

el sari

54r1

el pañuelo para la cabeza

h34d5c4rf

el turbante

7urb4n

la burka

burk4

el caftán

k4f74n

la abaya

4b4y4

el traje de baño

5w1m5u17

el short de baño

7runk5

los shorts

5h0r75

el jogging

7r4ck5u17

el delantal

4pr0n

los guantes

6l0v35

el botón

bu770n

los anteojos

6l45535

la pulsera

br4c3l37

el collar

n3ckl4c3

el anillo

r1n6

el aro

34rr1n6

la gorra

c4p

la percha

c047 h4n63r

el sombrero

h47

la corbata

713

el cierre

z1p

el casco

h3lm37

los tiradores

br4c35

el uniforme escolar

5ch00l un1f0rm

el uniforme

un1f0rm

el babero

b1b

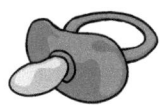

el chupete

dummy

el pañal

d14p3r

la oficina

0ff1c3

el servidor
53rv3r

el archivero
f1l1n6 c4b1n37

la impresora
pr1n73r

el papel
p4p3r

el monitor
m0n170r

el escritorio
d35k

el mouse
m0u53

la carpeta
f0ld3r

el teclado
k3yb04rd

el tacho (de basura)
w4573-p4p3r b45k37

la silla
ch41r

la computadora
c0mpu73r

la taza de café

c0ff33 mu6

la calculadora

c4lcul470r

el internet

1n73rn37

la laptop

l4p70p

la carta

l3773r

el mensaje

m355463

el celular

c3ll ph0n3

la red

n37w0rk

la fotocopiadora

ph070c0p13r

el software

50f7w4r3

el teléfono

73l3ph0n3

el tomacorriente

plu6 50ck37

el fax

f4x m4ch1n3

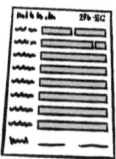

el formulario

f0rm

el documento

d0cum3n7

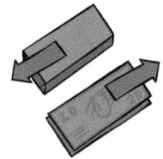

comprar
....
buy

pagar
....
p4y

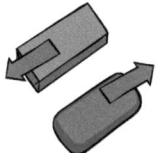

hacer negocios
....
7r4d3

el dinero
....
m0n3y

el dólar
....
d0ll4r

el euro
....
3ur0

el yen
....
y3n

el rublo
....
r0ubl3

el franco suizo
....
5w155 fr4nc

el yuan
....
r3nm1nb1 yu4n

la rupia
....
rup33

el cajero automático
....
c45h p01n7

la casa de cambio

curr3ncy 3xch4n63 0ff1c3

el oro

60ld

la plata

51lv3r

el petróleo

01l

la energía

3n3r6y

el precio

pr1c3

el contrato

c0n7r4c7

el impuesto

74x

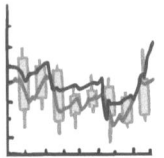

la acción

570ck

trabajar

w0rk

el empleado

3mpl0y33

el empleador

3mpl0y3r

la fábrica

f4c70ry

el negocio

5h0p

las ocupaciones
0ccup4710n5

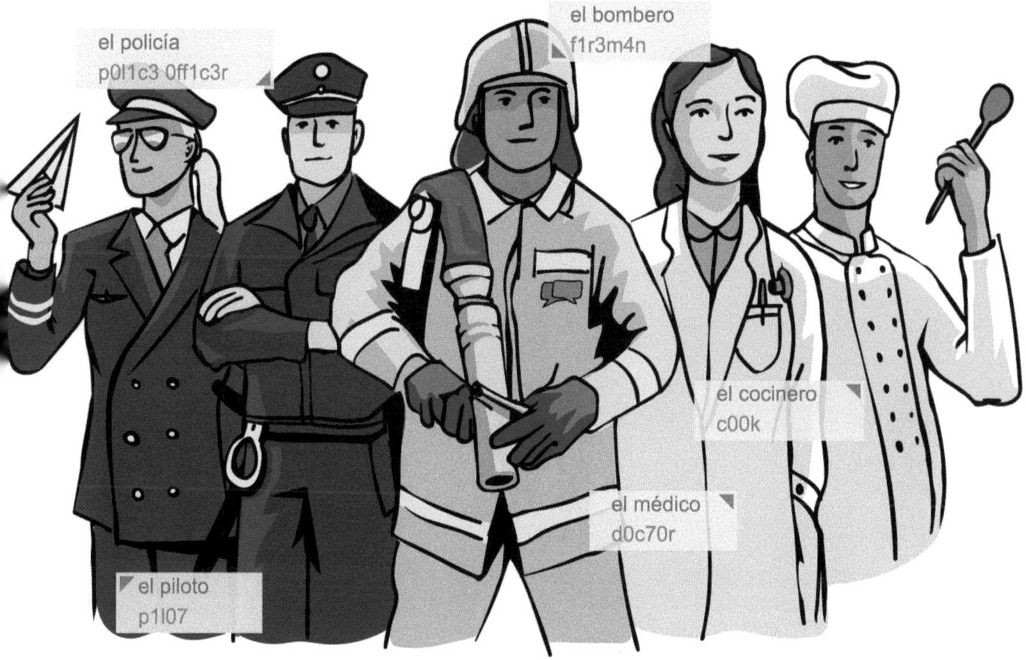
el policía
p0l1c3 0ff1c3r
el bombero
f1r3m4n
el cocinero
c00k
el médico
d0c70r
el piloto
p1l07

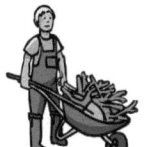

el jardinero

64rd3n3r

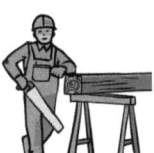

el carpintero

c4rp3n73r

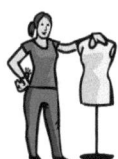

la modista

534m57r355

el juez

jud63

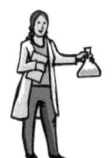

el farmacéutico

ch3m157

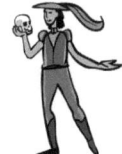

el actor

4c70r

el colectivero

bu5 dr1v3r

el taxista

74x1 dr1v3r

el pescador

f15h3rm4n

la mucama

cl34n1n6 l4dy

el techista

r00f3r

el mozo

w4173r

el cazador

hun73r

el pintor

p41n73r

el panadero

b4k3r

el electricista

3l3c7r1c14n

el albañil

bu1ld3r

el ingeniero

3n61n33r

el carnicero

bu7ch3r

el plomero

plumb3r

el cartero

p057m4n

el soldado

50ld13r

el arquitecto

4rch173c7

el cajero

c45h13r

el florista

fl0r157

el peluquero

h41rdr3553r

el cobrador

c0nduc70r

el mecánico

m3ch4n1c

el capitán

c4p741n

el dentista

d3n7157

el científico

5c13n7157

el rabino

r4bb1

el imán

1m4m

el monje

m0nk

el sacerdote

p4570r

las herramientas
700l5

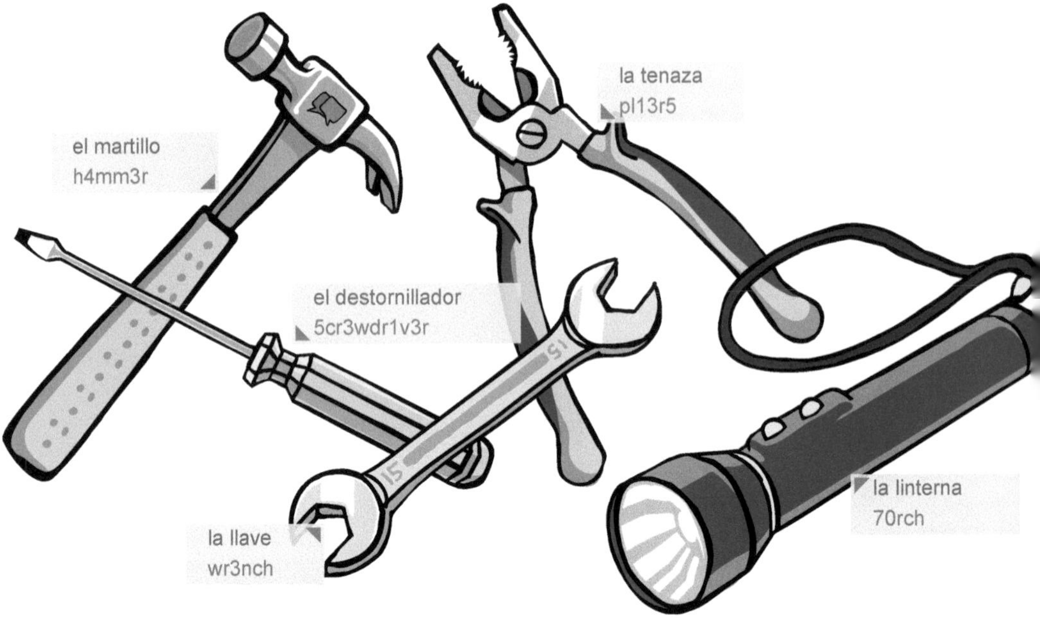
el martillo
h4mm3r
la tenaza
pl13r5
el destornillador
5cr3wdr1v3r
la llave
wr3nch
la linterna
70rch

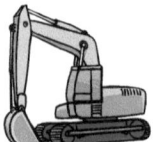

la excavadora

3xc4v470r

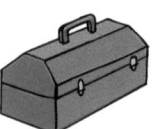

la caja de herramientas

700lb0x

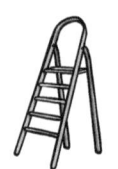

la escalera portátil

l4dd3r

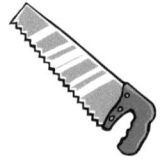

la sierra

54w

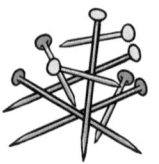

los clavos

n41l5

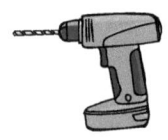

el taladro

dr1ll

arreglar

r3p41r

la pala de jardín

5h0v3l

¡Qué bronca!

d4mn!

la pala de plástico

du57p4n

el tacho de pintura

p41n7 c4n

los tornillos

5cr3w5

los instrumentos musicales
mu51c4l 1n57rum3n75

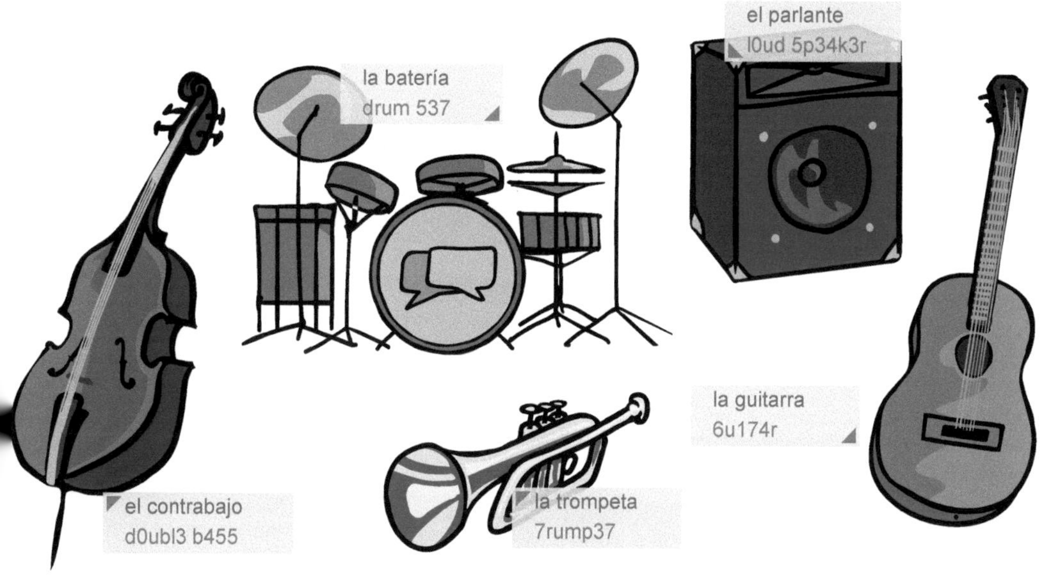

la batería
drum 537

el parlante
l0ud 5p34k3r

la guitarra
6u174r

el contrabajo
d0ubl3 b455

la trompeta
7rump37

el piano

p14n0

el violín

v10l1n

el bajo

b455

los timbales

71mp4n1

el tambor

drum5

el teclado

k3yb04rd

el saxofón

54x0ph0n3

la flauta

flu73

el micrófono

m1cr0ph0n3

el zoológico

z00

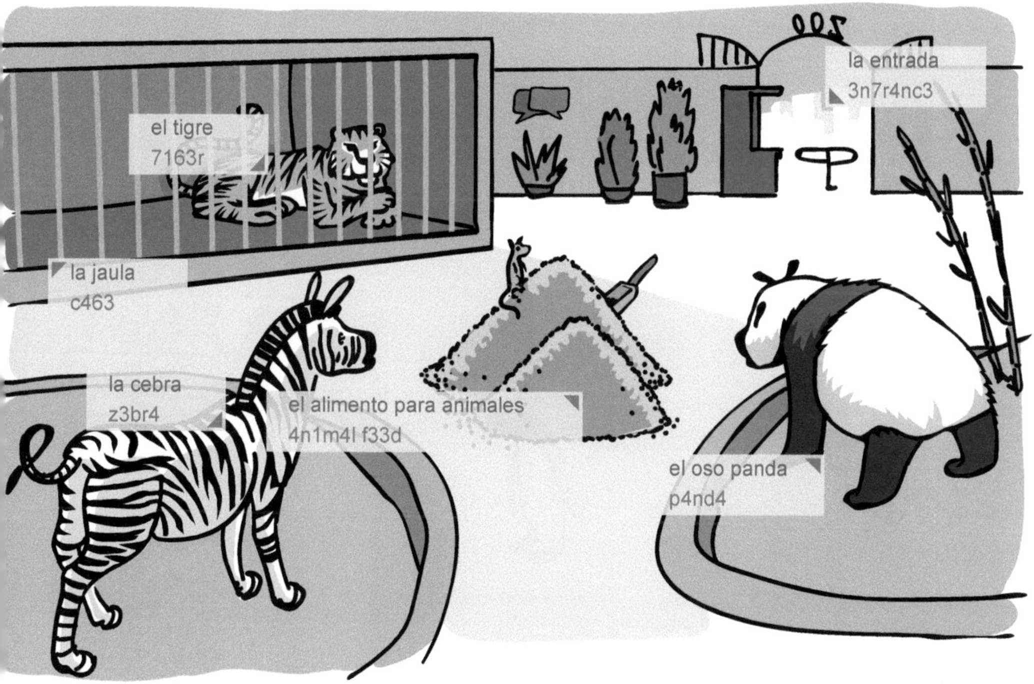

la entrada
3n7r4nc3
el tigre
7163r
la jaula
c463
la cebra
z3br4
el alimento para animales
4n1m4l f33d
el oso panda
p4nd4

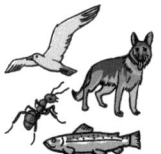

los animales

4n1m4l5

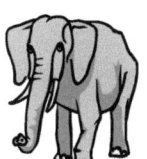

el elefante

3l3ph4n7

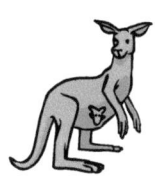

el canguro

k4n64r00

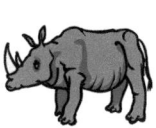

el rinoceronte

rh1n0

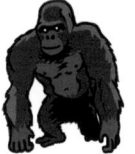

el gorila

60r1ll4

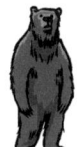

el oso

b34r

el camello

c4m3l

el avestruz

057r1ch

el león

l10n

el mono

m0nk3y

el flamenco

fl4m1n60

el loro

p4rr07

el oso polar

p0l4r b34r

el pingüino

p3n6u1n

el tiburón

5h4rk

el pavo real

p34c0ck

la serpiente

5n4k3

el cocodrilo

cr0c0d1l3

el cuidador del zoológico

z00k33p3r

la foca

534l

el jaguar

j46u4r

el poni

p0ny

el leopardo

l30p4rd

el hipopótamo

h1pp0

la jirafa

61r4ff3

el águila

34613

el jabalí

b04r

el pescado

f15h

la tortuga

7ur7l3

la morsa

w4lru5

el zorro

f0x

la gacela

64z3ll3

los deportes
5p0r75

el fútbol americano
4m3r1c4n f007b4ll

el ciclismo
cycl1n6

el tenis
73nn15

el básquet
b45k37b4ll

la natación
5w1mm1n6

el hockey sobre hielo
1c3 h0ck3y

el boxeo
b0x1n6

el fútbol
50cc3r

el bádminton
b4dm1n70n

el atletismo
47hl371c5

el handball
h4ndb4ll

el esquí
5k11n6

el polo
p0l0

saltar
jump

reír
l4u6h

abrazar
hu6

caminar
w4lk

cantar
51n6

soñar
dr34m

rezar
pr4y

besar
k155

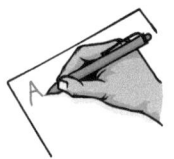

escribir
wr173

dibujar
dr4w

mostrar
5h0w

presionar
pu5h

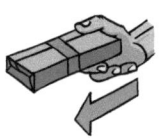

dar
61v3

tomar
74k3

tener

h4v3

hacer

d0

ser

b3

estar parado

574nd

correr

run

tirar

pull

tirar

7hr0w

caer

f4ll

estar acostado

l13

esperar

w417

llevar

c4rry

estar sentado

517

vestirse

637 dr3553d

dormir

5l33p

despertar

w4k3 up

mirar

l00k 47

llorar

cry

acariciar

57r0k3

peinar

c0mb

hablar

74lk

entender

und3r574nd

preguntar

45k

escuchar

l1573n

beber

dr1nk

comer

347

ordenar

71dy up

amar

l0v3

cocinar

c00k

manejar

dr1v3

volar

fly

navegar

541l

calcular

c4lcul473

leer

r34d

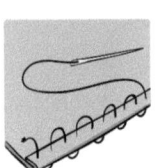

aprender

l34rn

trabajar

w0rk

casarse

m4rry

coser

53w

cepillarse los dientes

bru5h 7337h

matar

k1ll

fumar

5m0k3

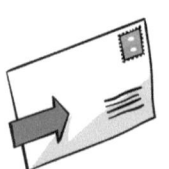

enviar

53nd

la abuela
6r4ndm07h3r

el abuelo
6r4ndf47h3r

el padre
f47h3r

la madre
m07h3r

el bebé
b4by

la hija
d4u6h73r

el hijo
50n

el invitado

6u357

la tía

4un7

el tío

uncl3

el hermano

br07h3r

la hermana

51573r

el cuerpo

b0dy

la frente
f0r3h34d
el ojo
3y3
el hombro
5h0uld3r
el dedo
f1n63r
la cara
f4c3
la pera
ch1n
la mano
h4nd
la pierna
l36
el pecho
br3457
el brazo
4rm

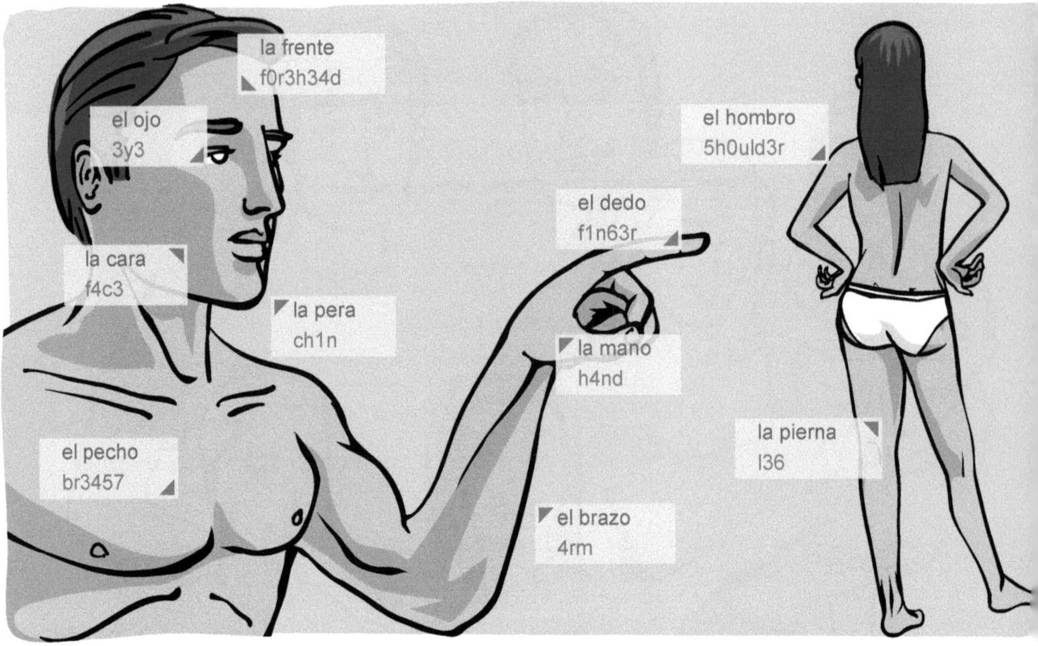

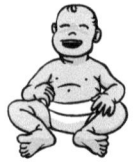

el bebé

b4by

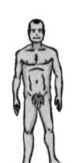

el hombre

m4n

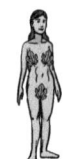

la mujer

w0m4n

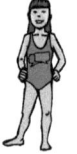

la nena

61rl

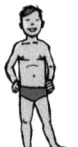

el nene

b0y

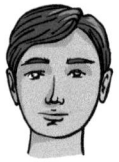

la cabeza

h34d

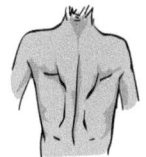

la espalda

b4ck

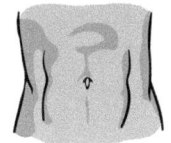

la panza

b3lly

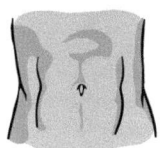

el ombligo

n4v3l

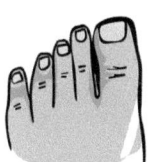

el dedo del pie

703

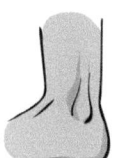

el talón

h33l

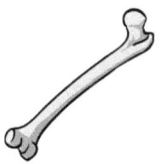

el hueso

b0n3

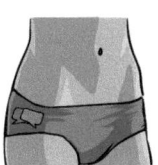

la cadera

h1p

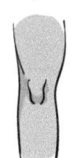

la rodilla

kn33

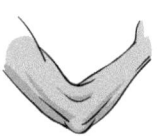

el codo

3lb0w

la nariz

n053

la cola

bu770ck5

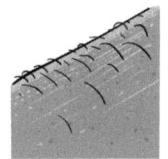

la piel

5k1n

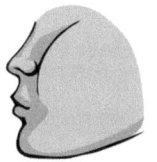

el cachete

ch33k

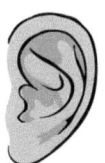

la oreja

34r

el labio

l1p

la boca

m0u7h

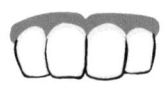

el diente

7007h

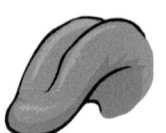

la lengua

70n6u3

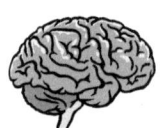

el cerebro

br41n

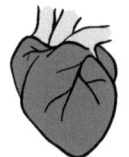

el corazón

h34r7

el músculo

mu5cl3

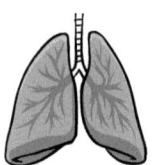

el pulmón

lun6

el hígado

l1v3r

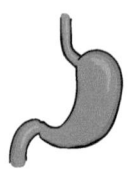

el estómago

570m4ch

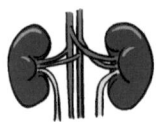

los riñones

k1dn3y5

el sexo

53x

el preservativo

c0nd0m

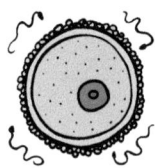

el óvulo

0vum

el semen

53m3n

el embarazo

pr36n4ncy

el cuerpo - b0dy

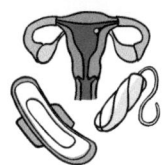

la menstruación

m3n57ru4710n

la vagina

v461n4

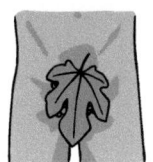

el pene

p3n15

la ceja

3y3br0w

el pelo

h41r

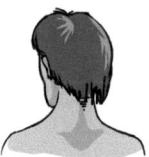

el cuello

n3ck

el hospital
h05p174l

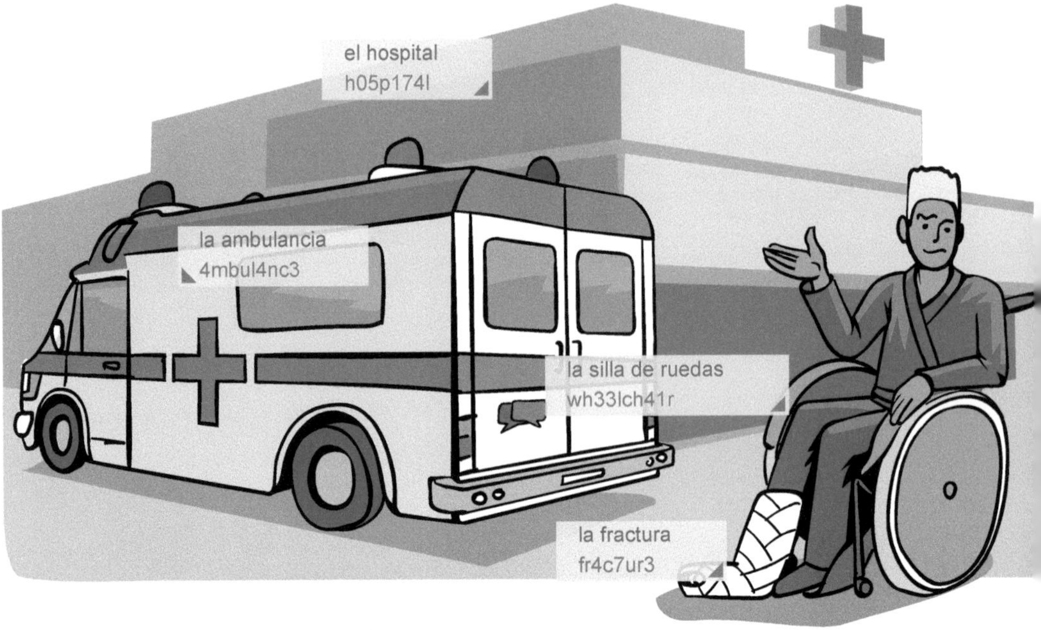

el hospital
h05p174l
la ambulancia
4mbul4nc3
la silla de ruedas
wh33lch41r
la fractura
fr4c7ur3

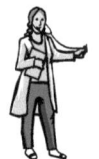

el médico

d0c70r

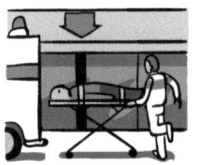

la sala de guardia

3m3r63ncy r00m

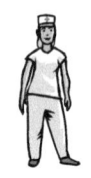

la enfermera

nur53

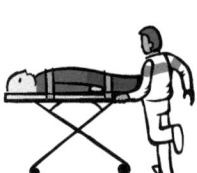

la emergencia

3m3r63ncy

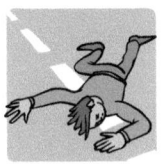

inconsciente

unc0n5c10u5

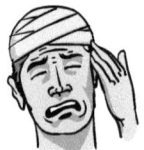

el dolor

p41n

la lesión

1njury

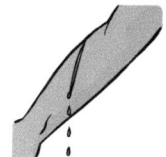

la hemorragia

bl33d1n6

el infarto

h34r7 4774ck

el ACV

57r0k3

la alergia

4ll3r6y

la tos

c0u6h

la fiebre

f3v3r

la gripe

flu

la diarrea

d14rrh34

el dolor de cabeza

h34d4ch3

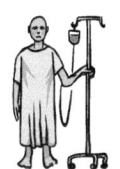

el cáncer

c4nc3r

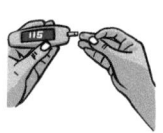

la diabetes

d14b3735

el cirujano

5ur630n

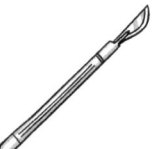

el bisturí

5c4lp3l

la operación

0p3r4710n

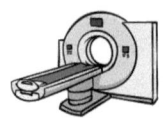

la TC

c7

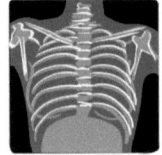

los rayos x

x-r4y

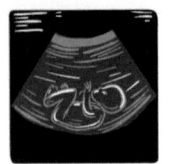

la ecografía

ul7r450und

el barbijo

f4c3 m45k

la enfermedad

d153453

la sala de espera

w4171n6 r00m

la muleta

cru7ch

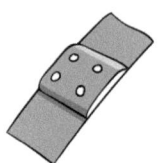

la curita

pl4573r

la venda

b4nd463

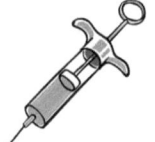

la inyección

1nj3c710n

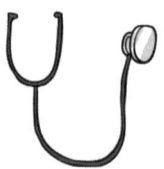

el estetoscopio

5737h05c0p3

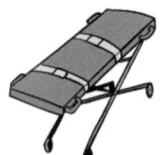

la camilla

57r37ch3r

el termómetro

cl1n1c4l 7h3rm0m373r

el nacimiento

b1r7h

el sobrepeso

0v3rw316h7

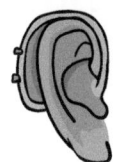

el audífono

h34r1n6 41d

el desinfectante

d151nf3c74n7

la infección

1nf3c710n

el virus

v1ru5

el VIH / SIDA

h1v / 41d5

el remedio

m3d1c1n3

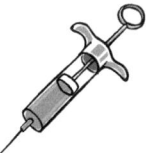

la vacunación

v4cc1n4710n

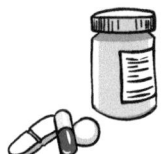

los comprimidos

74bl375

la pastilla anticonceptiva

p1ll

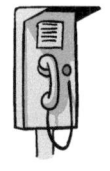

la llamada de emergencia

3m3r63ncy c4ll

el tensiómetro

bl00d pr355ur3 m0n170r

enfermo / sano

1ll / h34l7hy

¡Ayuda!

h3lp!

la alarma

4l4rm

la agresión

4554ul7

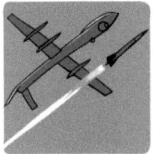

el ataque

4774ck

el peligro

d4n63r

la salida de emergencia

3m3r63ncy 3x17

¡Fuego!

f1r3!

el matafuego

f1r3 3x71n6u15h3r

el accidente

4cc1d3n7

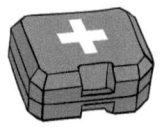

el botiquín de primeros
auxilios

f1r57-41d k17

el SOS

505

la policía

p0l1c3

Europa

3ur0p3

América del Norte

n0r7h 4m3r1c4

América del Sur

50u7h 4m3r1c4

África

4fr1c4

Asia

4514

Australia

4u57r4l14

el Atlántico

47l4n71c

el Pacífico

p4c1f1c

el Océano Índico

1nd14n 0c34n

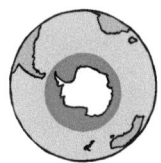

el Océano Antártico

4n74rc71c 0c34n

el Océano Ártico

4rc71c 0c34n

el polo norte

n0r7h p0l3

el polo sur
....
50u7h p0l3

la Antártida
....
4n74rc71c4

la Tierra
....
34r7h

la tierra
....
l4nd

el mar
....
534

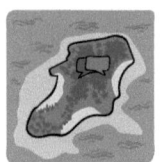

la isla
....
15l4nd

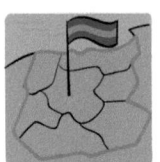

la nación
....
n4710n

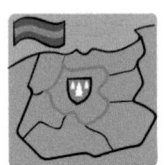

el estado
....
57473

la esfera

cl0ck f4c3

la manecilla de las horas

h0ur h4nd

el minutero

m1nu73 h4nd

el segundero

53c0nd h4nd

¿Qué hora es?

wh47 71m3 15 17?

el día

d4y

la hora

71m3

ahora

n0w

el reloj digital

d16174l w47ch

el minuto

m1nu73

la hora

h0ur

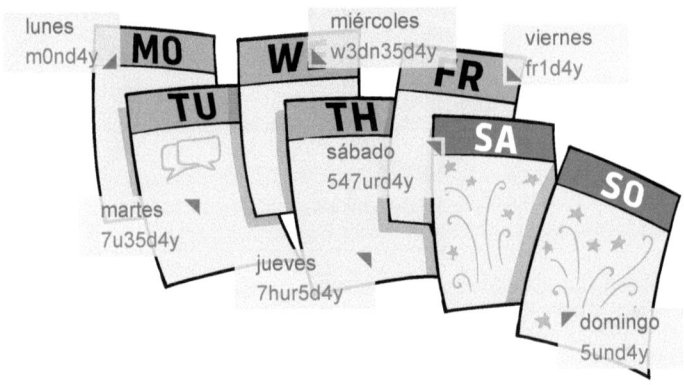

lunes
m0nd4y

miércoles
w3dn35d4y

viernes
fr1d4y

sábado
547urd4y

martes
7u35d4y

jueves
7hur5d4y

domingo
5und4y

ayer

y3573rd4y

hoy

70d4y

mañana

70m0rr0w

la mañana

m0rn1n6

el mediodía

n00n

la tarde

3v3n1n6

MO	TU	WE	TH	FR	SA	SU
1	2	3	4	5	6	7
8	9	10	11	12	13	14
15	16	17	18	19	20	21
22	23	24	25	26	27	28
29	30	31	1	2	3	4

los días hábiles

w0rkd4y5

MO	TU	WE	TH	FR	SA	SU
1	2	3	4	5	6	7
8	9	10	11	12	13	14
15	16	17	18	19	20	21
22	23	24	25	26	27	28
29	30	31	1	2	3	4

el fin de semana

w33k3nd

el año
y34r

el arco iris
r41nb0w
la lluvia
r41n
la nieve
5n0w
el viento
w1nd
la primavera
5pr1n6
el otoño
f4ll
el verano
5umm3r
el invierno
w1n73r

4.APRIL 11°
5.APRIL 4°
6.APRIL 13°
7.APRIL 8°
8.APRIL 10°

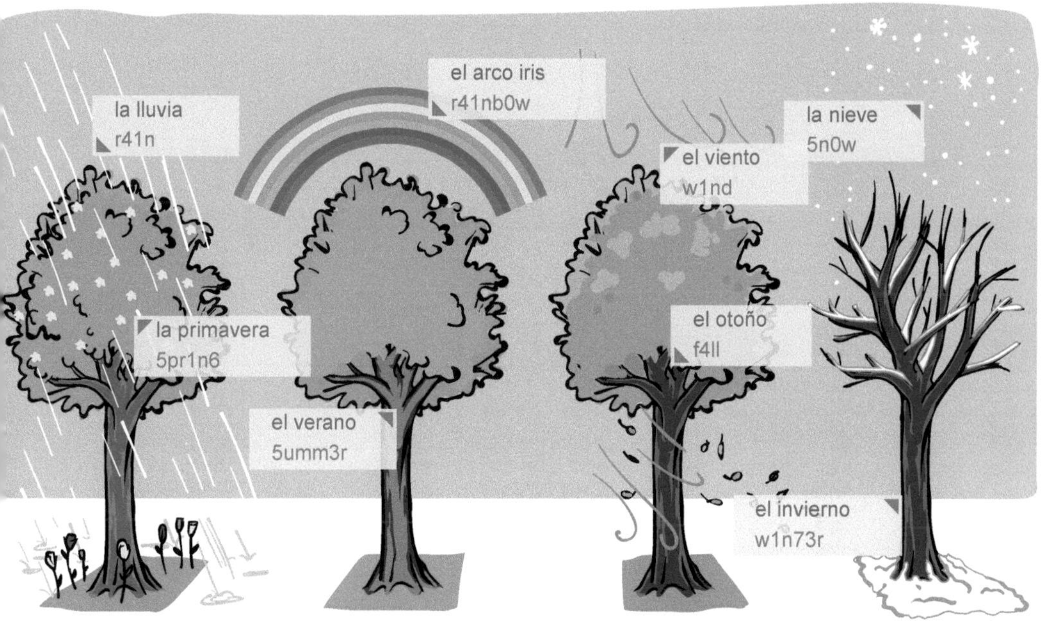

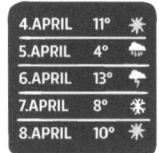

el pronóstico meteorológico

w347h3r f0r3c457

F
C
120
90
60
30
0
-30
40
30
20
10
0
-10
-20

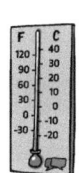

el termómetro

7h3rm0m373r

la luz del sol

5un5h1n3

la nube

cl0ud

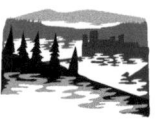

la niebla

f06

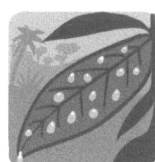

la humedad

hum1d17y

el rayo

l16h7n1n6

el trueno

7hund3r

la tormenta

570rm

el granizo

h41l

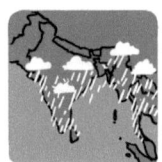

el monzón

m0n500n

la inundación

fl00d

el hielo

1c3

enero

j4nu4ry

febrero

f3bru4ry

marzo

m4rch

abril

4pr1l

mayo

m4y

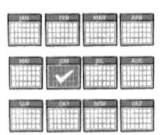

junio

jun3

julio

july

agosto

4u6u57

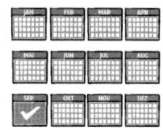

septiembre

53p73mb3r

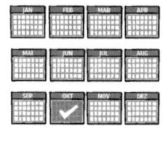

octubre

0c70b3r

noviembre

n0v3mb3r

diciembre

d3c3mb3r

las formas
5h4p35

el círculo

c1rcl3

el cuadrado

5qu4r3

el rectángulo

r3c74n6l3

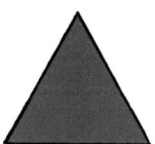

el triángulo

7r14n6l3

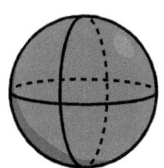

la esfera

5ph3r3

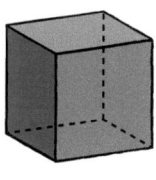

el cubo

cub3

blanco

wh173

amarillo

y3ll0w

naranja

0r4n63

rosa

p1nk

rojo

r3d

violeta

purpl3

azul

blu3

verde

6r33n

marrón

br0wn

gris

6r4y

negro

bl4ck

mucho / poco

4 l07 / 4 l177l3

enojado / tranquilo

4n6ry / c4lm

lindo / feo

b34u71ful / u6ly

el principio / el fin

b361nn1n6 / 3nd

grande / chico

b16 / 5m4ll

claro / oscuro

br16h7 / d4rk

el hermano / la hermana

br07h3r / 51573r

limpio / sucio

cl34n / d1r7y

completo / incompleto

c0mpl373 / 1nc0mpl373

el día / la noche

d4y / n16h7

muerto / vivo

d34d / 4l1v3

ancho / angosto

w1d3 / n4rr0w

comestible / no comestible

3d1bl3 / 1n3d1bl3

malo / amable

3v1l / k1nd

entusiasmado / aburrido

3xc173d / b0r3d

gordo / flaco

f47 / 7h1n

primero / último

f1r57 / l457

el amigo / el enemigo

fr13nd / 3n3my

lleno / vacío

full / 3mp7y

duro / blando

h4rd / 50f7

pesado / liviano

h34vy / l16h7

el hambre / la sed

hun63r / 7h1r57

enfermo / sano

1ll / h34l7hy

ilegal / legal

1ll364l / l364l

inteligente / estúpido

1n73ll163n7 / 57up1d

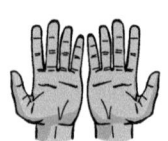

izquierda / derecha

l3f7 / r16h7

cerca / lejos

n34r / f4r

nuevo / usado

n3w / u53d

nada / algo

n07h1n6 / 50m37h1n6

viejo / joven

0ld / y0un6

encendido / apagado

0n / 0ff

abierto / cerrado

0p3n / cl053d

silencioso / ruidoso

qu137 / l0ud

rico / pobre

r1ch / p00r

correcto / incorrecto

r16h7 / wr0n6

áspero / suave

r0u6h / 5m007h

triste / contento

54d / h4ppy

corto / largo

5h0r7 / l0n6

lento / rápido

5l0w / f457

mojado / seco

w37 / dry

caliente / frío

w4rm / c00l

guerra / paz

w4r / p34c3

0	**1**	**2**
cero	uno	dos
z3r0	0n3	7w0
3	**4**	**5**
tres	cuatro	cinco
7hr33	f0ur	f1v3
6	**7**	**8**
seis	siete	ocho
51x	53v3n	316h7
9	**10**	**11**
nueve	diez	once
n1n3	73n	3l3v3n

12

doce

7w3lv3

13

trece

7h1r733n

14

catorce

f0ur733n

15

quince

f1f733n

16

dieciséis

51x733n

17

diecisiete

53v3n733n

18

dieciocho

316h733n

19

diecinueve

n1n3733n

20

veinte

7w3n7y

100

cien

hundr3d

1.000

mil

7h0u54nd

1.000.000

el millón

m1ll10n

el inglés

3n6l15h

el inglés americano

4m3r1c4n 3n6l15h

el chino mandarín

ch1n353 m4nd4r1n

el hindi

h1nd1

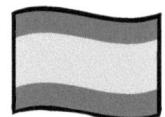

el español

5p4n15h

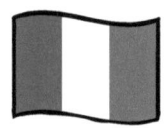

el francés

fr3nch

el árabe

4r4b1c

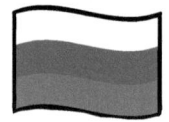

el ruso

ru5514n

el portugués

p0r7u6u353

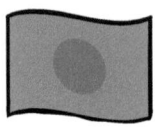

el bengalí

b3n64l1

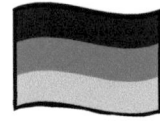

el alemán

63rm4n

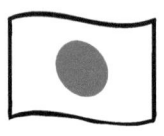

el japonés

j4p4n353

yo

1

vos

y0u

él / ella

h3 / 5h3 / 17

nosotros

w3

ustedes

y0u

ellos

7h3y

¿quién?

wh0?

¿qué?

wh47?

¿cómo?

h0w?

¿dónde?

wh3r3?

¿cuándo?

wh3n?

el nombre

n4m3

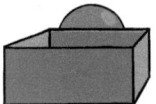

detrás

b3h1nd

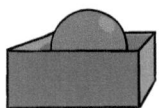

en

1n

adelante de

1n fr0n7 0f

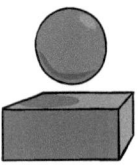

por encima de

0v3r

sobre

0n

debajo de

und3r

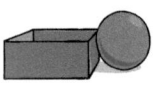

al lado de

b351d3

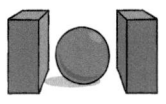

entre

b37w33n

el lugar

pl4c3